INFO-MÉTÉO

LA PLUIE

Lauren Taylor

Texte français de Josée Leduc

Éditions
SCHOLASTIC

Catalogage avant publication de Bibliothèque et Archives Canada

Taylor, Lauren, 1985-
[Rain. Français]
La pluie / Lauren Taylor ; texte français de Josée Leduc.

(Info-météo)
Traduction de : Rain.
ISBN 978-1-4431-4508-4 (couverture souple)

1. Pluie--Ouvrages pour la jeunesse. I. Titre. II. Titre : Rain.
Français

QC924.7.T3914 2015   j551.57'7   C2015-900501-9

Édition publiée par les Éditions Scholastic, 604, rue King Ouest, Toronto (Ontario)
M5V 1E1 avec la permission de QED Publishing.

5 4 3 2 1   Imprimé en Chine CP141   15 16 17 18 19

Consultantes : Jillian Harker et Heather Adamson.
Conception graphique : Melissa Alaverdy

Références photographiques :
Légende : h = haut, b = bas, c = centre, g = gauche, d = droite,
PC = page de couverture

Alamy : 4 Wild Pictures; 12 Danita Delimont; 14-15 Images of
Africa Photo Bank
Dreamstime : 10 d Alexeys; 11 Plampy
Getty Images : 20-21 Michael Cizck
Shutterstock : PC Vaclav Volrab; 1-2 J Paget R F Photos; 5 h Androivc88;
5 b Dmitry Naumer; 6-7; 6 b Max Topchii; 7 c Greenland; 8-9 Maksim Shmeljor;
9 c Soleilc; 10 g Karram, 10 b Acik; 16-17 Kzenon; 18 h Allison, 18 b Stephane Bidouze;
19 Ralph Loesche; 22 h Neda, 22 c Algecirino; 24 Jackiso

Les mots en **caractères gras** figurent dans le glossaire à la page 24.

Table des matières

La pluie   4

À quoi sert la pluie?   6

D'où vient la pluie?   8

Les orages   10

Trop de pluie   12

Pas assez de pluie   14

La pluie et les plantes   16

Les forêts tropicales   18

Les arcs-en-ciel   20

Je joue sous la pluie   22

Glossaire   24

La pluie

Il existe plusieurs sortes de pluies.

On appelle la pluie très fine de la **bruine**.

Lors d'un **orage**, il pleut très fort.
Il pleut parfois toute la journée,
ou pendant quelques minutes
seulement.

À quoi sert la pluie?

La pluie, c'est important. Sans pluie, il n'y aurait pas de rivières ni de lacs. Les animaux, les poissons et les oiseaux ont besoin d'eau.

Nous buvons l'eau et l'utilisons pour cuisiner et pour nous laver.

D'où vient la pluie?

La pluie vient des **nuages** dans le ciel.
Un nuage est un amas de gouttelettes
d'eau.

Quand les gouttelettes sont trop lourdes, elles tombent sur la Terre et il pleut.

Les orages

Pendant les orages, il y a du **tonnerre**, des **éclairs** et de fortes pluies.

tonnerre

éclairs

fortes pluies

Un éclair est une lumière brève
et vive. Le tonnerre est
un puissant grondement.

Trop de pluie

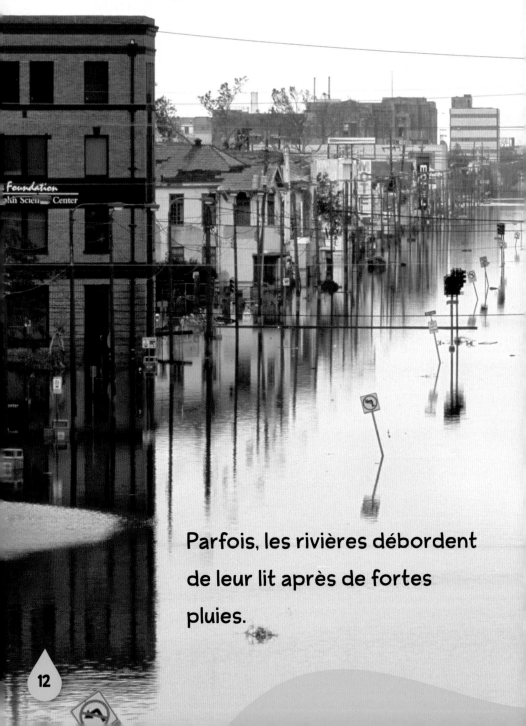

Parfois, les rivières débordent de leur lit après de fortes pluies.

L'eau déferle vers les terres et fait beaucoup de dommages. C'est une **inondation**.

Pas assez de pluie

S'il ne pleut pas pendant longtemps, les plantes ne poussent pas.

Il n'y a pas assez d'eau
pour tout le monde.
C'est la **sécheresse**.

La pluie et les plantes

Les arbres, les fleurs et les plantes ont besoin d'eau pour pousser.

Quand il fait chaud et sec, il faut arroser les plantes.

Les forêts tropicales

Les **forêts tropicales** se trouvent dans des régions chaudes et pluvieuses.

Les arbres s'élèvent haut dans le ciel et la végétation est très dense.

La pluie fait pousser
les plantes rapidement.

Les arcs-en-ciel

Les **arcs-en-ciel**
apparaissent dans
le ciel quand le soleil brille
à travers les gouttes de pluie.

On peut voir des
arcs-en-ciel seulement
s'il pleut et que le soleil brille.

Je joue sous la pluie

Plouf! Sauter dans les flaques d'eau, c'est amusant.

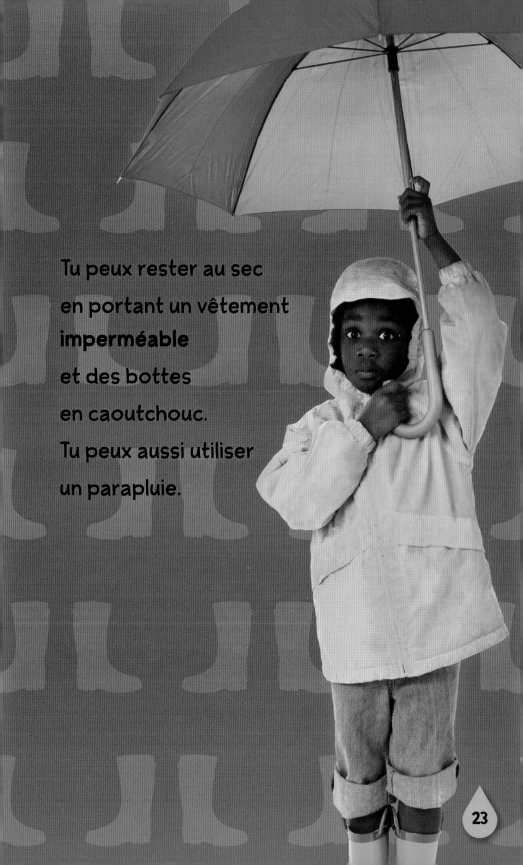

Tu peux rester au sec
en portant un vêtement
imperméable
et des bottes
en caoutchouc.
Tu peux aussi utiliser
un parapluie.

Glossaire

arc-en-ciel :   arc composé de diverses couleurs que l'on voit quand le soleil brille à travers des gouttelettes d'eau

bruine :   pluie fine

éclair :   lumière vive et brève qui traverse le ciel

forêt tropicale : forêt dense où il pleut beaucoup

imperméable :   qui ne laisse pas pénétrer l'eau

inondation :   débordement d'eau

nuage :   amas de gouttelettes d'eau dans le ciel

orage :   tempête accompagnée de fortes pluies, d'éclairs et de coups de tonnerre

sécheresse :   longue période sans pluie

tonnerre :   grondement qui vient après l'éclair